Dieses Buch gehört:

_____

Sei lieb zu diesem Buch!

Bereits erschienen:

 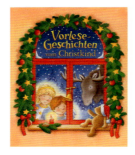

ISBN 3-8157-3032-5   ISBN 3-8157-3478-9

5 4 3 2 1

ISBN 3-8157-3865-2

© 2005 Coppenrath Verlag, Münster
Alle Rechte vorbehalten, auch auszugsweise
Printed in Italy

www.coppenrath.de

Astrid Mola & Gabriele Dal Lago

Flieg mit ins Land der tausend Sterne

Vorlesegeschichten zum
Einschlafen & Träumen

COPPENRATH

Wo die Kamele wohnen

Heute, ja heute ist ein ganz besonderer Tag! Paul hat einen kleinen Kater geschenkt bekommen. Jawohl, einen richtigen kleinen Kater! Den ganzen Tag haben sie schon miteinander geschmust und gespielt.
„Jetzt ab ins Bett", sagt Mama abends, „aber ins Bett darf der Kater nicht mit!"
„Dann will ich meine Gutenachtgeschichte heute auf dem Sofa hören!", ruft Paul.
„Damit mein Kater zuhören kann."
„Na gut", sagt Mama, „hast du denn schon einen Namen für ihn?"
Paul denkt nach.
„Mumpitz", sagt er auf einmal und streichelt den Kater.
„Du heißt Mumpitz, Mumpitz!"
„Also, wovon soll ich heute erzählen?", fragt Mama.
Paul kuschelt sich an sie und Mumpitz schnurrt zufrieden auf seinem Schoß.
„Na, von... von Kamelen", schlägt Paul vor.
„Also von Kamelen, die in der Wüste leben", nickt Mama, „wo es fast nie regnet. Tagsüber ist es sehr heiß und..."
„Au!", ruft Paul. Mumpitz hat aufgehört zu schnurren. Plötzlich krallt er sich in Pauls Arm und gleichzeitig fängt alles an zu wackeln – ja, das ganze Sofa bewegt sich plötzlich!
„Komisch", flüstert Mama, „wieso ist das Sofa jetzt so niedrig? Und hat auf einmal Fransen?"
Alles ruckelt, Mama hält die Arme ganz fest um Paul geschlungen und Paul drückt den fauchenden Mumpitz an sich. Die Terrassentür geht auf und das Sofa gleitet in die Nacht hinaus. Aber es ist kein Sofa mehr, es ist...
„Ein fliegender Teppich!", ruft Mama verblüfft.
Der Teppich steigt höher und höher.
„Also", ruft Mama fassungslos, „das gibt's doch gar nicht!"
„Mach die Augen zu, Mama", flüstert Paul, „so ist mir überhaupt nicht schwindelig."
Alle drei schließen die Augen und der Teppich fliegt ganz ruhig weiter und weiter durch die Nacht, bis die Sterne langsam verblassen.

Paul blinzelt. Es ist Tag, die Luft ist heiß, unter ihnen liegt die endlose Wüste und sonst gar nichts. Der Teppich geht langsam herunter. Werden sie in der einsamen Wüste landen? Wo es nichts gibt außer Sand?
Der Teppich landet auf einer großen Sanddüne. Doch sie sind nicht alleine! Um sie herum stehen schwarze Zelte und neugierige Menschen in blauen Gewändern schauen sie an. Ein Junge kommt auf Paul zu und nimmt ihn an die Hand.
„Ich bin Ali", sagt er. „Kommt, ihr werdet schon erwartet."
Paul nimmt Mumpitz auf den Arm und Ali führt ihn und Mama in ein prachtvolles Zelt, wo ihnen Pfefferminztee angeboten wird und, in einer silbernen Schale, getrocknete Datteln. „Süßes Zeug", sagt Mumpitz.
Paul schaut verblüfft auf seinen Kater herunter. „Schmeckt mir nicht", murmelt Mumpitz. Was war das? Paul überlegt. Kann Mumpitz etwa sprechen?

„Der ist aber schön", sagt Ali und zeigt auf Mumpitz. „Das ist mein Kater, er heißt Mumpitz", erklärt Paul. Mumpitz hebt eine Pfote. „Er tut einem nichts", meint Mama lachend. „Er ist noch klein."
„Kommt", ruft Ali, „jetzt zeige ich euch die Kamele!"
„Das ist nämlich so", fährt Ali fort, „unsere Familien haben kein festes Zuhause. Wir ziehen immer weiter und weiter. Die Kamele tragen unsere Zelte und auch das Wasser, denn das gibt es nur in wenigen Brunnen. Aber die Kamele sind auch unsere Reittiere. Ohne sie könnten wir hier nicht leben."
Eines der Kamele schaut sich nach Paul um. Da streichelt Paul seine feuchte, weiche Schnauze.

Auf einmal hören sie laute Stimmen und Alis Familie zeigt auf den Teppich, der sie hergebracht hat. Er liegt noch immer auf dem Wüstensand, aber nicht etwa still und ruhig. Er zuckt und ruckelt!

„Wir müssen zurück, Mama!", ruft Paul. „Der Teppich wird ungeduldig."

Und kaum haben sich Mama und Paul mit Mumpitz im Arm wieder auf den Teppich gesetzt, schon hebt er sich in die Luft. Solange sie können, winken sie Ali und seiner Familie zu. Der Teppich fliegt mit den dreien wieder nach Hause und mehr und mehr kommt die Nacht zurück. Mama trägt Mumpitz in sein Körbchen und den eingeschlafenen Paul in sein Kinderbett. Als sie ins Wohnzimmer kommt, steht da wieder das Sofa, als wäre nichts geschehen. Es ruckelt noch ein bisschen.

Die kleine Lokomotive aus Mexiko

„Also", sagt Mama, „wo willst du heute deine Gutenachtgeschichte hören?"

„Auf dem Sofa", bittet Paul. „Mumpitz soll wieder zuhören. –
Wo ist er denn?"

„Mumpitz, Mumpitz!", ruft Paul und holt Mumpitz hinter
der Gardine hervor. Er setzt sich dicht an Mama gekuschelt auf
das Sofa und Kater Mumpitz schnurrt auf seinem Schoß.

„Also, wovon soll ich heute erzählen?", erkundigt sich Mama.

„Von … von … von einer Lokomotive." Paul lacht.

„Es ist eine sehr kleine, sehr alte Lokomotive", beginnt Mama, „und sie fährt
gerade durch Mexiko und …"

Mama hält inne, denn Mumpitz hat aufgehört zu schnurren. Das ganze Sofa
wackelt!

„Nicht schon wieder!", ruft Mama.

Doch das Sofa zittert, wackelt und ruckt, Mama schreit, Mumpitz faucht und die
Terrassentür springt auf. Das Sofa gleitet in die Nacht hinaus, aber es ist kein Sofa
mehr, es ist …

„Eine Lokomotive!", flüstert Paul. „Mama, mach wieder die Augen zu!"

Was jetzt faucht, ist nicht mehr Mumpitz, sondern die kleine, rote Lokomotive.
Sie faucht und rattert und stampft durch die Nacht.

Paul blinzelt. „Unsere Lokomotive fährt sogar auf richtigen Gleisen", sagt er
zu Mumpitz. Aber Mumpitz drängt sich ganz dicht an ihn heran und will
nichts sehen.

„Es ist auf einmal ganz hell", wundert sich Mama. „Schau mal, die großen
Kakteen! Und die hohen Berge!"

„Lass mich mal ran, die Lokomotive soll nicht so schnell fahren!", ruft Paul,
geht nach vorne und zieht an einem Hebel. Sofort fährt die Lokomotive
langsamer.

„Da vorne sitzen ganz viele Vögel auf den Gleisen, schau, da muss ich tuten."
Paul zieht an einem kleinen Seil, ein schriller Pfiff ertönt und die Vögel fliegen
erschrocken hoch.

„Mama, alles ist wie bei meiner Spielzeuglokomotive!", schreit Paul durch das Stampfen der Maschine. „Und ich bin der Lokführer!"
„Und was mache ich?", erkundigt sich Mama.
„Du bist der Heizer", lacht Paul.

Mama öffnet vorsichtig die Ofentür. Dahinter lodert das Feuer. Moment, Moment. Hat da eben jemand „Viel zu heiß!" gesagt? Etwa Mumpitz? Kann Mumpitz wirklich sprechen?

„Ich muss Kohlen schippen", sagt Mama. Ohne Kohle kein Feuer und ohne Feuer kein Dampf. Und ohne Dampf fährt keine Lokomotive. Diese jedenfalls nicht.

„Da kommt ein Dorf!", ruft Paul, der aus dem Fenster guckt.

„Soll ich anhalten?" Er greift nach dem langen Hebel.

„Na klar", sagt Mama.

Die Lokomotive stöhnt und hält quietschend an. Mumpitz verkriecht sich. Sicher ist sicher. Draußen steht ein Mädchen und schaut Paul an. Ein kleiner Papagei sitzt auf ihrer Schulter.

„Ich heiße Paul", sagt Paul, „und du?" Paul lehnt sich aus dem Fenster.

„Maria", sagt das Mädchen. „Wenn ihr aussteigt, zeige ich euch unser Dorf."

Es ist gerade Mittag und sehr heiß. Nur wenige Leute sind draußen und manche liegen einfach in Hängematten vor ihren Häusern und schlafen.

Maria holt Wasser zum Trinken. Mama und Paul dürfen ihren kleinen Papagei in die Hand nehmen.

„Er bleibt immer bei mir, er heißt Besito", sagt Maria, „das bedeutet Küsschen." Sie schaut Paul an und der wird ein bisschen rot.

Marias Papa kommt aus dem Haus gelaufen und sieht sehr erstaunt aus. „Schon lange fährt hier keine Lokomotive mehr", sagt er. „Aber heute! Und zur Feier des Tages mache ich für euch ein bisschen Musik."

Er holt eine kleine Trompete und spielt so wunderschön, dass die Menschen, die vorher geschlafen haben, nach und nach herbeikommen und im Takt der Musik in die Hände klatschen.

„Hör mal!", sagt Mama plötzlich. Durch die Musik hindurch hört man die Lokomotive stampfen und schnaufen. „Wir müssen zurück!", ruft Paul.

Begleitet von Trompetenmusik, die leiser und leiser wird, fährt die Lokomotive zurück nach Hause. „War das schön!", ruft Mama. Aber vorn in der Lokomotive ist Paul schon längst eingeschlafen. Und Kater Mumpitz auch.

Zu Hause angekommen trägt Mama Mumpitz in sein Körbchen und Paul in sein Kinderbett.

Als sie zurückkommt, steht da das Sofa, als wäre nichts geschehen.

Es ruckelt nur noch ein bisschen.

Das Segelschiff und die dummen Piraten

„Mama, erzählst du mir heute von einem großen Schiff?",
fragt Paul. „Es soll rote Segel haben." Er sitzt erwartungsvoll
auf dem Sofa und hat Kater Mumpitz schon im Arm. Mama
setzt sich dazu.

„Also", sagt sie, „das herrliche Segelschiff fährt gerade auf einem sehr
großen Meer. Aber es gibt nicht viel Wind…"

Mama hält inne und horcht. Fängt das Sofa schon zu wackeln an? Nein, überhaupt nicht. Nichts passiert. Mama erzählt weiter. Das Sofa rührt sich nicht.

„Es klappt nicht!", ruft Paul enttäuscht. „Das Sofa verwandelt sich nicht mehr."

Mama schüttelt den Kopf. „Schade."

„Vielleicht… vielleicht muss man etwas sagen", überlegt Paul, „vielleicht einen
Spruch, einen Zauberspruch."

„Haben wir doch bisher auch nicht gemusst", meint Mama.

„Doch, wir haben bestimmt was gesagt!", ruft Paul. „Aber was…?"

Mama schüttelt noch mal den Kopf. Aber Paul denkt nach.

„Weißt du was? Wir haben Mumpitz gesagt! An beiden Abenden!"

Mama und Paul warten. Nichts passiert. Nur der Kater hebt den Kopf.

„Jetzt fällt's mir ein", ruft Mama, „wir haben nicht nur ein Mal Mumpitz gesagt,
sondern drei Mal! Mumpitz, Mumpitz, Mumpitz!" Sofort fängt das Sofa zu
wackeln an. Paul macht große Augen. „Mumpitz ist das Zauberwort!", ruft er
erstaunt.

Die Terrassentür springt auf und das Sofa mit Mama, Paul und Kater Mumpitz
schwebt durch den nächtlichen Garten. Mumpitz klammert sich ganz fest an Paul.

„Es riecht so anders", sagt Paul, „ich rieche…"

„Das Meer!", ruft Mama. „Ich rieche es auch – schau
mal, wir sind schon mitten drauf!"

Und während sich die Nachtwolken verziehen,
sehen sie, dass sie an Deck eines Segelschiffs
stehen, mitten auf dem Meer.

„Es hat rote Segel!" Paul ist begeistert.

„Zu viel Wasser für mich", sagt Mumpitz.

"Paul", ruft Mama, "hat Mumpitz gerade was gesagt? Mumpitz, kannst du etwa sprechen?"

"Ich glaub schon. Immer wenn wir unterwegs sind", grinst Paul.

"Mumpitz!", ruft er. "Du bist jetzt der Kapitän!" Kapitän Mumpitz guckt missmutig. "Und wir sind die Matrosen", lacht Mama. "Schau mal, da kommt noch ein Schiff!"

Tatsächlich. Das Schiff kommt immer näher. Es ist etwas größer als ihres. Paul guckt genauer hin: "Es hat weiße Segel mit Löchern drin."

"Löcher", überlegt Mama. "Schlecht geflickt!"

"Hallo!", ruft Paul. Aber selbst als das fremde Schiff schon ganz nah herangekommen ist, sieht man keine Menschenseele.

Paul lugt über den Schiffsrand. „Da sind welche", sagt er, „aber die ducken sich!"
Wie auf Kommando richten sich vier Männer auf und einer wirft einen Enter-
haken auf ihr Schiff.

„Piraten!", ruft Paul. „Sie wollen unser Schiff!"

„Das wagen die nicht!", beschließt Mama, sie läuft in die kleine
Schiffsküche und fängt an mit Tassen nach den Piraten zu werfen.
Paul rennt zum Steuerrad und versucht das Schiff wegzulenken, aber
die vier Männer sind schon dabei, sich über die Reling zu schwin-
gen. Paul wirbelt das Steuerrad herum. Das Schiff schwenkt
scharf nach Backbord.

„Einer weniger!", ruft Paul, denn einer der Männer ist ins
Wasser gefallen und schwimmt fluchend zu seinem Schiff
zurück.

Mama schwingt gerade ein dickes Tau. Der nächste Pirat
weicht aus, verliert das Gleichgewicht und plumpst ebenfalls
ins Wasser.

„Zwei weniger!", ruft Paul.

Aber die zwei anderen Männer sind jetzt auf ihr Schiff gesprungen. Wild sehen sie
aus! Was jetzt? Da rast Mumpitz wie der Blitz auf den größeren der beiden zu und
springt ihm fauchend an die Brust. Der Kerl schreit entsetzt auf und krallt sich an
der Bordwand fest.

Der vierte Pirat ist so erschrocken, dass er von alleine auf das Piratenschiff zurück-
springt. Aber er springt viel zu kurz und plumpst auch ins Wasser. Den anderen
Piraten hat Mumpitz inzwischen losgelassen. Der Mann dreht sich langsam um
und lässt Mumpitz dabei nicht aus den Augen. „Ja, dann einen schönen Tag
noch", sagt er und springt ins Wasser. Paul und Mama johlen triumphierend.

Und während sie Mumpitz zur Belohnung mit Dosenfleisch aus der Schiffskombüse
füttern, sehen sie, wie das Piratenschiff am Horizont verschwindet.

Und ihr eigenes Schiff? Stolz segelt es hinaus in die Nacht, zurück nach Hause.
Dort angekommen trägt Mama Mumpitz in sein Körbchen und den fest schlafenden Paul in sein Kinderbett.

Als sie zurückkommt, steht das Sofa wieder an seinem Platz als wäre nichts geschehen. Und wackelt noch ein bisschen.

Im tiefsten Urwald

„Na, wo willst du heute Nacht hin?", fragt Mama. Paul und Mama haben sich auf dem Sofa aneinander gekuschelt. Mumpitz schläft tief.

„Dahin, wo es Krokodile gibt und große Schlangen und wo es gefährlich ist", überlegt Paul.

„Ja, dann müssen wir in den Dschungel", seufzt Mama, „also …?" Sie wartet auf das Zauberwort. „Mumpitz, Mumpitz, Mumpitz!", ruft Paul schnell.

Mit einem Ruck wacht Mumpitz auf, das Sofa schaukelt, ächzt und ruckelt. Die Tür zur Terrasse fliegt auf und plötzlich sitzen sie in einem schmalen Holzboot, das durch die Nacht gleitet und jetzt, ja, gerade jetzt aufs Wasser klatscht. Mama nimmt das Ruder, aber das Boot scheint von alleine zu fahren.

„Wir schwimmen auf einem Fluss", stellt Paul fest, „und schau: rundherum ist Urwald! – Wo ist denn die Sonne?"

„Da!", sagt Mama. „Aber über unserem Fluss wuchern so viele Bäume und Pflanzen, dass wir sie kaum sehen können. – Oh, ich glaube, jetzt bleiben wir gerade in diesem ganzen Blättergewirr stecken!"

„Hier im Boot ist ein Messer, Mama!", ruft Paul.

Damit zerschneidet Mama die Lianen, die dem Boot den Weg versperren. „Hier wächst ja auch alles kreuz und quer!", schimpft sie.

Mumpitz schaut interessiert den Fischen im schimmernden Wasser zu. Plötzlich sagt er: „Da, kleine Frösche! Überall auf den Baumstämmen!"

„Puhh, ist das heiß hier!", stöhnt Paul.

„Und feucht", lacht Mama. „Schau mal, wie wir schwitzen!"

Eine Weile gleiten sie so dahin. Der Urwald sieht wunderschön aus.

„Paul, hörst du's?", flüstert Mama. „Die Geräusche aus dem Wald!"

Der ganze Dschungel summt, viele Vögel schreien und schnattern.

„Mama, da, zwei Papageien", ruft Paul, „und diese gelben Blumen rieche ich bis hierher! Und sieh mal – der Vogel mit dem bunten Schnabel!"

„Ein Tukan", staunt Mama. „Und das da?", fragt Mumpitz. „Was ist das?"

„Das sind ja Affen", lacht Paul, „eine ganze Horde!"
„Unser Boot!", ruft Mama erschrocken. „Wir sind an etwas angestoßen! An einen großen Stein vielleicht?"
„Vorsicht!", warnt Mumpitz und läuft zu Mama nach vorne. Der große Stein ist ein Krokodil, das gerade direkt vor dem Boot auftaucht und sein großes Maul aufreißt! Mama duckt sich. Mumpitz' Kopf ist jetzt ganz nahe am Auge des Krokodils und er faucht, so wild er kann! Langsam versinkt das Krokodil wieder im Wasser. Das Boot kann weiterfahren.
„Das ging ja noch mal gut." Mama ist sehr erleichtert. „Danke, Mumpitz!"
Das Boot treibt eine Weile weiter. Aber plötzlich bleibt es wieder hängen. Mama schaut ins Wasser. „Kein Krokodil da!", wundert sie sich.
Paul guckt nach oben. „Da hängen Tiere im Baum!"
„Faultiere", erklärt Mama.

Und dann geht alles ganz schnell. Jemand springt ins Boot, ein Junge! Er greift nach dem Ruder und das Boot zischt nach vorne. Paul, Mama und Mumpitz schauen ihn verwundert an.
„Ihr habt die Schlange nicht gesehen", sagt der Junge. „Da – schaut, direkt über der Stelle, wo Paul saß, ist eine Boa-Schlange. Sie ringelte sich gerade zu Paul herunter, als ich kam."

Paul schaut zurück. Richtig, eine große, dicke Schlange räkelt sich auf dem Baum.
„Danke", sagt Paul. „Aber woher weißt du, wie ich heiße? Und wie heißt du?"

„Ich beobachte euch schon eine
ganze Weile", lacht der Junge. „Ich
heiße Aki und bin vom Yanomami-
Stamm. Wir leben hier im Wald am Fluss,
ganz in der Nähe. – Eigentlich zeigen wir uns
den weißen Menschen nicht. Aber ich wollte nicht, dass dir etwas passiert.
Hier bei uns muss man aufpassen!"

„Du lebst mitten im Dschungel?", fragt Mama.

„Ja, der Wald ist unser Zuhause. Wir leben von den wilden Früchten und
von der Jagd. Und wir können uns aus Baumstämmen genau solche Boote
machen, wie ihr eins habt."

Mit Aki wird die Fahrt so richtig schön! Er zeigt ihnen einen Jaguar, der auf einem
Baum schläft, noch mehr Faultiere und Ameisenbären. Und er neckt die Affen so
lange, bis sie mit süßen Mangos schmeißen. Die schmecken herrlich! Dann rudert
Aki zurück zu der Stelle, an der er ins Boot gesprungen ist.

„Die Schlange ist nicht mehr da, gut!", sagt er erleichtert. „Ich muss gehen."

Mit einem Satz springt er ans Ufer. „Passt gut auf euch auf", ruft er noch,
„ich mag euch!" Mama und Paul wollen winken, aber Aki ist schon im Dickicht
verschwunden.

„Das war wirklich schön und gefährlich heute", gähnt Paul.

„Das wundert mich gar nicht", sagt Mama, „denn es ist genau das passiert, was
du dir gewünscht hast."

In diesem Moment fängt das kleine Boot zu schaukeln und zu zittern an. Es erhebt sich und gleitet
lautlos in die blaue Nacht zurück.

Als sie zu Hause ankommen, trägt Mama
Mumpitz in sein Körbchen und den
schlafenden Paul in sein Kinderbett.
Dann geht sie ins Wohn-
zimmer. Dort steht das
Sofa als wäre nichts
gewesen. Und ruckelt
noch ein bisschen.

Im Land der Indianer

„Heute will ich ins Indianerland, Mama", überlegt Paul. Er sitzt auf dem Sofa, Kater Mumpitz döst auf seinem Schoß.
„Da müssen wir aber nach Amerika", meint Mama. „Nach Amerika!" Paul klatscht in die Hände. Mama macht es sich auf dem Sofa bequem. Erwartungsvoll schaut sie Paul an. „Na?", sagt sie.
„Mumpitz!", ruft Paul. „Mumpitz! Mumpitz!"
Mumpitz klappt die Augen auf und krallt sich ein bisschen an Paul fest, denn das Sofa fängt sofort zu schaukeln an. Die Terrassentür springt auf, das Sofa gleitet hinaus in den Garten und dann in den funkelnden Sternenhimmel. Das Sofa ist jetzt kein Sofa mehr, es ist ... Ja, was ist es denn?
„Schau mal, Paul, wir sind in einem fliegenden Korb!", staunt Mama, während am Horizont die ersten Sonnenstrahlen aufblitzen.
„Mama", sagt Paul. „Da!" Er deutet mit dem Finger nach oben. Über ihnen schwebt ein riesengroßer, bunter Ballon. „Das gibt's doch nicht!", ruft Mama. „Wir fahren mit einem Heißluftballon!" Ruhig schweben sie eine Weile über das Meer in die orangene Morgensonne, dann wieder über Land.

Plötzlich wird das Land zu einer tiefen Schlucht. „Wir sind ja schon in Amerika!", wundert sich Mama. „Und die Schlucht dort unten, das ist der berühmte Grand Canyon! Siehst du ganz unten am Boden der Schlucht diesen kleinen Fluss glitzern? Das ist der Colorado. Er hat sich Jahrtausende lang immer tiefer in das Land geschnitten und so ist das riesige Tal entstanden."
„Sieht das schön aus!" Paul staunt. „Und wo sind die Indianer?"
Der Ballon hat die Schlucht überflogen und schwebt jetzt auf ein kleines Tal zu.
„Wir landen", flüstert Paul.
Stimmt. Der Ballon geht immer weiter herunter und setzt mit einem Ruck am Boden auf.

Sofort springt Mumpitz aus dem Korb und auch Mama und Paul klettern heraus, während ihr Ballon ganz schlaff wird und in sich zusammensinkt.

„Da, Indianer!", ruft Paul. Drei Reiter kommen in einer Staubwolke auf sie zu galoppiert. „Ob sie Pfeil und Bogen dabei haben?", fragt sich Paul.

Aber die Indianer sind nicht bewaffnet. Es sind ein Junge und ein Mädchen auf kleinen Ponys und ihr Vater auf einem großen Pferd. Mumpitz springt Paul auf den Arm und faucht ein bisschen.

Die Indianer halten ihre Pferde an und der Junge sagt: „Dass Menschen mit so einem großen Ball fliegen können, das haben wir noch nicht gesehen."

Sein Vater schaut freundlich, dann nickt er: „Ich heiße Bud und das ist John. Wir sind Navajo-Indianer."

„Und ich bin Miriam", lächelt das Indianermädchen.

Paul wundert sich: „Ihr seid ja angezogen wie wir! Ihr seid doch Indianer!"

„Wir sind nicht immer so angezogen", erklärt Bud. „Bei unseren Festen und Tänzen tragen wir unsere Indianerkleidung und unseren Schmuck."

„Und wir haben auch indianische Namen!", sagt John stolz.

„Wie heißt ihr dann?", fragt Paul neugierig.

Die Indianer schweigen.
„Aber Paul", meint Mama, „man muss nicht immer alles wissen!"
„Kommt mit", sagt Bud und zieht Mama zu sich aufs Pferd. Paul klettert zu John aufs Pferd und – sieh mal einer an – Mumpitz schmiegt sich schnurrend in Miriams Arm.
Sie reiten los.
„Er kennt Miriam doch gar nicht", wundert sich Paul.
„Euer Kater merkt, dass wir Indianer Tiere verstehen", lacht John.
Sie reiten ein Stückchen und dann steht da tatsächlich neben einem Campingwagen und einem kleinen, blauen Laster ein schönes, rundes Holzhaus.
„Unsere Häuser nennen wir Hogan", sagt John und beginnt ihnen alles zu zeigen und zu erklären.
Plötzlich wird Mumpitz unruhig. „Wir müssen zurück", maunzt er.
„Ja, wir müssen wieder zum Ballon", sagt Mama. Und so reiten sie mit den Indianern zurück.
Der Ballon hat sich schon aufgebläht und wackelt hin und her. Als sie bereits im Korb sitzen, meint Bud auf einmal: „Zum Abschied machen wir euch ein Geschenk: Wir verraten euch unsere Indianernamen." Und dann sagt er feierlich: „Ich heiße Büffelauge."
„Ich heiße Weißer Morgenvogel", sagt John.
„Und ich heiße Kleine Wolke im Wind", lächelt Miriam und küsst Mumpitz auf die Nase.
„Das ist das schönste Geschenk, das ich je bekommen habe!", ruft Mama von oben herunter, denn der Ballon hat sich schon in die Luft erhoben.
„Ist das ein nettes Mädchen!", seufzt Mumpitz.
Langsam wird es wieder Nacht um den Ballon, der sie nach Hause bringt.
Mama bringt Mumpitz in sein Körbchen und den schlummernden Paul in sein Kinderbett. Als sie ins Wohnzimmer kommt, steht da das Sofa, als wäre nichts geschehen. Und wackelt noch ein bisschen.

Bei Atik, Naka und den Schlittenhunden

„Na?" Mama sitzt gemütlich auf dem Sofa, Paul hat sich angekuschelt, Kater Mumpitz schläft mal wieder.
„Wo geht's denn diesmal hin?", fragt Mama neugierig.
„Weiß ich ganz genau. Diesmal will ich zu den Eskimos", sagt Paul.
„Oh!", ruft Mama, „da wird es aber ganz schön kalt werden."
Sie steht auf, holt für Paul und sich zwei dicke Jacken und setzt sich wieder aufs Sofa. „Also, sag den Zauberspruch", flüstert sie. „Mumpitz, Mumpitz, Mumpitz", sagt Paul. Heute schläft Mumpitz weiter und wacht auch nicht auf, als das Sofa zu ruckeln anfängt und die Terrassentür aufspringt. Erst als es anfängt zu knattern und zu brummen, setzt er sich blitzartig auf. Flap-flap-flap, macht es und ein Motor brummt. Sie fliegen durch die Nacht.

„Das ist… das ist ja ein Hubschrauber! Wir fliegen in einem Hubschrauber!", jubelt Paul.

Mama sitzt vorne: „Ja, soll ich jetzt etwa all die Knöpfe hier bedienen?", schimpft sie. „Einen Hubschrauber zu fliegen ist schwieriger als ein Flugzeug!"

„Mama", grinst Paul, „der Hubschrauber fliegt doch schon die ganze Zeit von alleine! Wir brauchen gar nichts tun. Aber ich will vorne sitzen."

„Aber ich nicht", sagt Mumpitz. Mama und Paul tauschen die Plätze.

„Ich bin jetzt der Pilot", sagt Paul begeistert.

Es wird schon hell, das Land unter ihnen wird weißer und weißer.

„Schnee!", ruft Mama.

Ist das Land? Nein, es sind riesige Eisschollen, die im Meer treiben. Eine ganze Weile fliegen sie weiter. Dann wird der Hubschrauber langsamer.

„Wir landen bald!", ruft Paul.

„Aber bitte nicht im Meer!", sagt Mumpitz und drückt sich an Mama.

„Und auch bitte nicht auf einer Eisscholle", seufzt Mama. „Da sitzen schon die Seehunde. Seht ihr sie? Da unten!"

„Na ja", sagt Paul, „es sieht eher so aus, als landeten wir direkt neben den Eisbären dort."

„Eine Eisbärenmama mit zwei kleinen Eisbärenkindern", schwärmt Mama, „wie süß und tapsig die Kleinen noch sind! Die wollen wir nicht erschrecken!" Als hätte der Hubschrauber das gehört, fliegt er noch eine Weile. Dann kommt Land in Sicht und er geht hinunter. Das Flap-flap-flap der Drehflügel wird leiser, dann hört es auf. Sie steigen aus und stapfen durch den hohen Schnee.
„Wie kalt!", jammert Mumpitz und Mama nimmt ihn auf den Arm.
„Da sind Eskimos, da vorne! Kinder!", ruft Paul begeistert und rennt los. Die Kinder drehen sich um und staunen. Als Paul atemlos bei ihnen ankommt, verneigen sie sich. „Ich bin Atik", sagt der Junge, „und das ist meine Schwester Naka. Wir sind Inuit. Seid willkommen!"
„Gerade haben wir aus dem Loch, das wir ins Eis gehauen haben, diese Fische herausgezogen", lächelt Naka. „Kommt mit, ihr seid unsere Gäste."
Und so lernen Paul, Mama und Mumpitz die Eskimofamilie von Atik und Naka kennen. Sie sitzen alle in einem runden Haus aus Eisblöcken, das die Inuit Iglu nennen. Drinnen ist es ganz warm. Erst recht, als Atiks und Nakas Papa ein Feuer macht und die Großmutter die Fische darin brät. Der Rauch des Feuers zieht durch ein Loch, das die Inuit in der Decke des Iglus gelassen haben. Der Duft der brutzelnden Fische breitet sich aus. „Lecker!", ruft Mumpitz und leckt sich die Schnauze. Atik füllt die Lampen mit Tran und im Iglu wird es ganz hell.

„Tran – das ist das Fett von Seehunden", erklärt Atiks und Nakas Mutter und zeigt auf die Felljacken ihrer Familie. „Und die sind aus dem Fell von Seehunden gemacht. Die Natur liefert uns alles, was wir brauchen."
Gerade als es so richtig gemütlich ist, hören sie von draußen ein Geräusch.
Es kommt aus der Ferne. Flap-flap-flap, macht es.
„Wir müssen los", sagt Paul. „Unser Hubschrauber ruft uns."
„Wir bringen euch hin", rufen Atik und Naka.

Schnell spannen sie die Schlittenhunde an, Atik streichelt den Leithund und dann fahren sie zusammen ganz bequem zu dem Hubschrauber, der immer mehr Lärm macht: Flap-flap-flap-flap!
Kaum sind Mama, Paul und Mumpitz wieder eingestiegen, hebt sich der Hubschrauber in die Höhe. Noch lange winken sie Atik und Naka und den Hunden, die immer kleiner werden, je höher sie steigen. Schließlich sind da nur noch das große Schneeland und ganz tief unten ein paar winzige Pünktchen.
„War das schön!", ruft Paul.
„Und der Fisch hat so gut geschmeckt!", sagt Mumpitz.
„Gleich werden die beiden wieder eingeschlafen sein", denkt Mama und schmunzelt vor sich hin. „Dann werde ich Paul in sein Bett und Mumpitz in sein Körbchen tragen und der Hubschrauber wird sich in unser Sofa verwandeln und das wird noch ein bisschen vor sich hin wackeln." Und genau so ist es dann auch.